이모가 우리 엄마 해 줄래?

임춘임 시집

작가의 말

아무도 몰래
장롱 속 깊이깊이 묻어 두었던 이야기를
첫 시집을 통해 끄집어내며
참으로 많이도 생각했습니다.

손끝이 떨립니다.
가슴속은 더 떨립니다.
설레어서 떨리고, 부끄러워서 떨리고, 감사해서
떨립니다.

어느 날 예쁘장한 네 살짜리 아이가
와락 안겨 두 손으로 내 목에 깍지를 끼고
두 발로 내 허리를 감은 채 엉겨 붙어
우리 엄마 해달라고 애원하던 날부터
나는 어린 남매에게 매달려
사랑의 즙을 줄줄 흘리며 살게 되었습니다.

젊은 여인이 어린 자식들을 두고
세상을 떠나는 모습을 생각하며
하늘에서나마 마음을 누일 수 있도록

아이들이 곧게 자라는 모습을 보여주고 싶었습니다.
남편은 아이들에 관한 모든 것을 나에게 맡겨 주었습니다.

이제 숙녀가 되고 청년이 된 나의 소중한 딸과 아들에게서
내 모습, 내 흔적을 발견합니다.
남을 배려하며 살자는 주문을 실천하는 내 아이들을 보면서
나는 기쁨의 눈물, 감사의 눈물을 흘리며
일기처럼 낙서처럼 끄적그렸던 쪽지들을 모았습니다.

부끄럽고 작은 책이지만
남몰래 아픔을 안고 살아가는
이 세상의 어머니들에게 바칩니다.
감사합니다.

2014년 12월의 끝자락에서 임춘임

차례

작가의 말 · 6

01 이모가 우리 엄마 해 줄래?

16 이모가 우리 엄마 해 줄래?
17 아프다
18 어떤 날 아들의 고백
19 어떤 엄마의 행복
20 누가 나를
21 가족
22 계모와 계부
23 제사
24 땅끝까지 울리는 소리
25 모정
26 보고 싶다 · 1
27 여섯 번만 집에 오면

02 위대한 이름 가족

30 　 당신을 사랑합니다
31 　 팔푼이 연가
32 　 아버지
33 　 어머니
34 　 지금 내가 우는 이유
35 　 내 아들
36 　 수능시험 날 아침
37 　 꿈
38 　 엄마
39 　 주말부부
40 　 꿈에 그리는 집
41 　 그리움

03 사랑하기에 어거지를 쓴다

44   어째서라도 좋다
45   가을 예찬
46   그래도
47   사랑
48   내 마음은 나비
49   발자국
50   소망
51   가슴이 시린 밤
52   홀로 가는 길
53   백지
54   봄이 오듯
55   너 있는 그곳에

04 핸드폰을 만지작거리는 하루

58 거미줄
59 밤샘
60 가을 마음
61 가을
62 보고 싶다 · 2
63 편지
64 그리움 · 2
65 능소화
66 내 안의 그리움을
67 달빛 창가 · 1
68 마지막 잎새
69 솜털처럼 부드럽게

05 배우보다 먼저 울고
　　 배우보다 나중까지 울고

72　비음悲吟
73　연속극을 보다가
74　개구리 따라
75　천관산에 오르며
76　내가 니가 아니라는 이유로
77　친구
78　첫눈 오는 날에
79　처녀
80　아픔
82　인생
83　좋은 사람들

06 네 번 피는 꽃 능소화

- 86 행복
- 87 봄 이야기
- 88 능소화 · 3
- 89 봄소식
- 90 홍매
- 91 늦가을 억새
- 92 5월의 향기
- 94 겨울 억새
- 95 달빛 창가
- 96 설레임
- 97 봄비

07 축령산 편백숲을 거닐며

100 내 고향 오일시장
101 아치실 고개
102 시골 사는 이야기
104 남천 고택에서
105 고향
106 이사 오던 날
107 능소화·2
108 길섶에 서서
109 여유
110 명품 장성
111 동백꽃

❖ 발문 | 박형동 · 112

01

이모가 우리 엄마 해 줄래?

이모가 우리 엄마 해 줄래?

네 살
꼬마가 다가와
"이모가 우리 엄마 해 줄래?" 했다

아빠랑 동생이랑
함께 살고프다고
"이모가 우리 엄마 해 줄래?" 했다

그 녀석 손아귀에
울컥 잡히고 말았다

"이모가 우리 엄마 해 줄래?"
그 한 마디에.

아프다

아프다
털어놔서 아프다

치맛자락 속에 꽁꽁 묶어 두고
슬퍼도
안타까워도
여태껏 내어놓지 못한 말이었는데

또 다른 양수를 쏟아
눈물과 사랑으로 키운 너희들

의연하고
당당하게
차분하며
진솔하게
받아주는 그 고운 마음

차라리 감사해서 더 아프다.

어떤 날 아들의 고백

행여나 알려질까
행여나 눈치챌까
가슴 조이며 살아온 스무 해

모든 걸 털어놓은 순간
고맙단 인사보다
잘하겠다는 약속보다
더 고마운

"사랑합니다. 어머니!"

어떤 엄마의 행복

열두 번을 이사하며
숨어숨어 살아왔는데
기어이 속 털어놓고
속절없이 우는 나

지나간 스무 해를
어찌 한두 줄 글로 쓰겠냐만

흘려 온 눈물만으로도
황룡강을 이룰 텐데
그래도 그 세월이
행복했었구나
더없이 행복했었구나.

누가 나를

이 세상에 너희들이 아니면
누가 나를 애태우게 하겠는가?

이 세상에 너희들이 아니면
누가 나를 기다리게 하겠는가?

이 세상에 너희들이 아니면
누가 나를 눈물나게 하겠는가?

이 세상에 너희들이 아니면
누가 나를 살아있다 하겠는가?

이 세상에 너희들이 아니면
누가 나를 아름답다 하겠는가?

가슴으로 낳은 딸
눈물로 키운 내 아들아!

가족

핏줄이나
DNA로 이어진
우리는 아니지만

사랑이라는 끈으로
칭칭 감긴 우리

내 아들아 내 딸아

스무 해
사는 동안
의심조차 없었다

우리들의 연결고리
그 위대한 이름

가족.

계모와 계부

아픈 그는
그보다 더 아픈 그녀를

사랑하는 그녀는
그보다 더 사랑하는 그를

보듬고
또 보듬었다

서로의 상처를
어루만지며

그녀는
그렇게 계모가 되었고
그는 그녀를 위한 계부를 자청하였다.

제사

눈망울 초롱초롱
걸음걸이조차 어설픈
아들 딸 남기고 간
당신의 넋은

제 몸 빌어 낳은 자식 두고
감기지 않은 눈 멀건이 뜨고
그리 먼 길을 가셨는지

오늘
정성으로 차린 음식 앞에
당신의 넋을 위로하는 것보다
자식들 앞날을 열어 달라고
빌고 또 빕니다

그리고 나서
당신의 아들딸은 대견하게 잘 자랐다고
내 아들딸은 이렇게 자랑스럽게 자랐다고
당신의 영혼을 말없이 위로합니다.

땅끝까지 울리는 소리

엄마!

가슴 울리는 소리
땅끝까지 울리는 소리

현관문 여밀며 부르는 그 소리

엄마!

내 가슴을 울리는 그 소리.

모정

가슴이 콩닥콩닥
제 맘대로 뛰고 노네

서울 간 딸아이가
방학 맞아 온다 하니

밉다고 구박해 놓고
보고픈 맘 천지네.

보고 싶다 · 1

아프다 하니
더 아프고

그립다 하니
더 그립다

살아가는 것이 그런 것이라지만
사랑하는 것이 그런 것이라지만

지금 당장
보듬어 주고 싶다

나의 소망 나의 딸.

여섯 번만 집에 오면

잠결에 문득 스치는 빗방울 소리
살며시 창문 열어 손 내밀어 보니
저 멀리 아롱지는 너의 고운 눈망울

아직은 잠자리에 들지 못할 시간
깊이 베어나는 너의 고뇌가
나를 이렇게 깨웠나보다

이제 여섯 번만 집에 오면
수험생에서 벗어난다며
조아리고 앉아 졸음과 싸우고 있을
너의 긴 그림자

어둠 속에서 스마트폰 열어
더듬어 보는 너의 흔적들
너를 안고 뒹구는 나의 뜨거운 사랑.

02

위대한 이름 가족

당신을 사랑합니다

당신의 한 마디면
내 가슴이 뛰어요

당신의 눈길이 마주치면
내 얼굴이 붉어져요

새벽 안개 걷히며 밝아오는 여명처럼
가슴에 새겨지는 모습

여보

나도 당신만큼
당신을 사랑합니다

이렇게 가슴이 뛰도록
당신을 사랑한답니다.

팔푼이 연가

바보도
팔푼이도
절대로 아니라며
마누라
치마폭에
칭칭 감겨 살고프단
우리 집 넉살스러운 서방님

오늘도
메시지에
나는 그대를 사랑한다
당신도
나처럼 그러느냐고
익살스런 장난기가 발동한 서방님

아무렴
누가 뭐래도 당신만을 사랑하죠.

아버지

행여나 꿈에라도 한 번만 오시면
못 다한 부모 공경 한없이 해 볼진데
어디서 바라만 보며 자식 뒤를 지킬까

어릴 적엔 아버지가 그리도 무서웠는데
오늘은 어른들 뵈며 당신을 그립니다
한 번만 큰 목소리로 부를 수 있게 하소서.

어머니

꼬부랑 할머니가
유모차에 몸을 기대고
아산댁 성산댁 찾아
동네방네 마실길이 분주하시네

점심은 아치실댁에서
고구마 삶아 먹고
저녁은 마을 회관에 동네 어르신들과
곰삭은 김치전으로 잔치하시네

어머니 계시는 그곳
살아온 흔적마저 무너지는 담벼락
추억은 고스란히 골목길을 돌고 있네

부지깽이 투덕투덕 잠을 깨우던
흙바닥 부뚜막은 간 데 없지만
마당 한 구석 가마솥 속에는
지금도 어머님의 청춘이 끓고 있네.

지금 내가 우는 이유

슬픔이 목을 타고
아픔이 가슴에 얹혀서
지금
하염없는 눈물을 흘리고 있다

그리움이 병이 되나
보고픔이 날개를 달았나
지금
너무나 보고파서 눈물 흘리고 있다

달려 가면 지척인데
그곳에 너를 두고
지금
그냥 하염없이 눈물 흘리고 있다

사랑하는
너무나 사랑하는
나의 사랑, 나의 분신
지금
널 그리워하며 눈물 흘리고 있다.

내 아들

7월의 끝 날에
쏟아지는 빗줄기처럼
섧게 울면서 입대시킨 내 아들

8월이 끝나기 전에
가을 하늘처럼 맑은 얼굴로
훈련 마치고 맞이하는 내 아들

든든한
군인으로 거듭나
생각보다 견딜만하다며
믿음을 준 내 아들

언제나 성실하게
어디서나 이겨나가며
건강하게 즐겁게
그 세월을 이겨다오
넌 자랑스런 내 아들이니까.

수능시험 날 아침

뒤통수 의젓함이 보는 이 설레게 해
수능이 코앞인데 의연함이 대견하다
앞으로 달려 나가서 힘찬 꿈을 펼쳐라

사랑아 내 사랑아 네 꿈을 펼쳐라
그동안 그려왔던 너의 꿈을 이루어라
하늘도 아름다운 뜻을 돌아보아 주시리니.

꿈

설계도 위에
그림을 그린다

한 쪽 방은 든든한 왕자님
다른 방은 아기자기 공주님

다른 한 쪽 방은
세상만사 우주를 논하는
우리 가족의 꿈의 공간

나머지 한 쪽 방은
우리들 사랑의 밀실.

엄마

엄마
지금 뭐해?

엄마
지금 뭐해?

멀지도 않는 곳에
엄마 계시거늘

이 밤
이 늦은 밤
왜 엄마가
목이 메게 그리운 게야

엄마
지금 뭐해?

주말부부

행여
달그락 소리 들릴까 봐
발소리조차 잠 재운다

혹여
센서등이 켜지기를
소등으로 어둠을 채운다

스르륵
여닫이문 여밀고
지친 몸 이끌고 돌아올
당신 기다리는 시간

아기자기 예쁜 그릇에
솜씨 자랑 사랑 자랑
듬뿍 담은 요란한 식탁 위에
새초롬이 내숭 떨며 그대 오길 기다린다.

꿈에 그리는 집

벗의 부름에
한달음 찾아온 집
포근하고 푸근함이
벗의 품인 양 따사롭다

뜰 안에 푸른 잔디도
담 넘어 보이는 작은 둠벙도
그 너머에 우뚝 선 소나무도
벗처럼 영원히 그 자리에 있음일 테지

초원 위의 빨간 집 뒤에
낙락장송 푸른 솔을 그려 본다
동네 어귀 지키고 있을
꿈에 그리는 우리 집.

그리움

가로등 비스듬히 비추이는 창
두두둑 빗방울 소리 요란하고
들녘 개구리는 밤새껏 목청을 돋군다

다소곳이 자리한 가족사진
살 부비고 뒹굴고파 내게로 다가오는
아들, 딸, 서방님 차례로

어깨 너머 밀려들던 그리움이
어느새 시끌벅적 소란스러움으로
가슴을 채운다, 등허리를 껴안는다.

03

사랑하기에 어거지를 쓴다

어째서라도 좋다

언제나 어디서나
보고프고
그리운 까닭은

당신이
내 안에 있기 때문이다
내 삶의 한가운데 있기 때문이다.

가을 예찬

아마도
몸살을 앓으려나 보다

파란 하늘
하얀 구름이

고향으로 가는 길가에
코스모스 피우는 걸 보니

기어이
몸살을 앓으려나 보다.

그래도

더러는
마음을 비우기도 하고
더러는
마음을 삭히기도 하지만

그래도
미울 때가 있더라
그래도
사랑할 때가 있더라

사랑과 미움은
하나인 까닭에.

사랑

그냥

공연히
어거지를 쓴다

사랑하기에.

내 마음은 나비

솜털처럼 부푼 마음
하늘에 띄워 볼까

민들레 꽃씨처럼 가벼운 마음
새싹 돋아나는 돌담 틈에 얹어볼까

하늘이 푸르른 날은 나비가 된다
가지마다 새 순이 싱그러워지면
어깨에 하얀 날개를 단 나비가 된다

나풀나풀
당신의 가슴 속을 날아다니는
하얀 솜털 흩날리는 나비가 된다.

발자국

저만큼
백사장을 걸어가는
두 사람

도란도란
어깨동무 하나된
두 사람

사랑하나 보다
발자국처럼
똑같이 사랑하나 보다

나만큼
우리만큼 사랑하나 보다
흔들림 없이.

소망

꽃이고 싶다
향기이고 싶다
바람이고 싶다

순리대로
흘러들어 나부끼는
굳이 형체가 아니어도 좋을

소리이고
빛이고
사랑이고 싶다

그대의
소박한 웃음 담아내는
질그릇이고 싶다

그대의 가슴에
스며드는
숨결이고 싶다.

가슴 시린 밤

한달음에 달려 갈
지척인데
그리움만 가슴에 새기고
눈물 적시네

두 손을 휘저으면
닿을 듯한 곳인데
차마 발길 내딛지 못함은
가슴 속에 묻어두어야 할 벼리

동트면 햇살에 살며시
묻어두리
그리 고운 그리움.

홀로 가는 길

저산 모퉁이 돌아
님 쉴 곳 있나니
어여~ 가시게나

한 많다 한들
남겨 둔 피붙이만 하겠는가
어여~ 가시게나

님 아무리 발버둥친다지만
살아남은 내가 어찌할꼬~
어여~ 가시게나

님 편히 쉴 곳으로
고이 보내 드리리다
어여~ 가 쉬시게나.

백지

아무 것도 새길 수 없고
얼룩조차 남길 수 없어

그 뜨거운 가슴은
어떤 말도 담아낼 수 없어

바닥에 나와
알몸으로 드러누운 채

차라리 차라리
그냥 백지로 남겨두리.

봄이 오듯

한 걸음 한 걸음
소리 없이 다가오는

아무런 거름 없이
아무런 망설임 없이

겨울이 가고 봄이 오듯
자연스럽게 그렇게

설레며
떨리며
화사한 꽃처럼
내게 오는 그리움.

너 있는 그곳에

내 맘

내 생각

다 있다

너 있는 그곳에.

04

핸드폰을 만지작거리는 하루

거미줄

추녀 끝에 매달린 가랑잎 하나
세찬 비바람에 흔들리며
세월의 뒤안길을 매달고 있다

용마루 꼭대기 쯤
멀어져 간 그림자
살짝 걸려 있으려나

흔들리는 그리움 한 토막

보고 싶다.

밤샘

길섶에설까
풀잎 사이에설까

가슴에설까
영혼에설까

밤새도록 울어대는
풀벌레 소리

밤이 깊어질수록
더 구슬픈
저 풀벌레 소리.

가을 마음

햇살이
가을을 익히고 있는데

내 마음은
어디에 간수할꼬

울리지도 않는 핸드폰을
만지작거리는 하루.

가을

가을이
푸른 창공을
누런 들판을
툭툭 깨 터는 소리를
품고 있다

가을이
우리 엄마 네발자전거를
빨갛게 익어가는 감나무를
길어지는 옷소매를
품고 있다

가을이
그대를 그리워하는
나를 빨갛게 달구고 있다
울긋불긋하게 물들이고 있다

나도 가을을 품는다.

보고 싶다 · 2

푸르디 푸른 하늘을 보며
너를 찾는다
알록달록 어우러진 단풍을 보며
너를 찾는다
그 속에 숨어있는 너를

읽지 않는 낡은 책 속에
깊이 잠든 은행잎
일기장 속에 부서진 네잎 클로버
어스름 길 골목에서 서성이던 모습

가을은 눈물을 떨구는 계절이다
가을은 아무라도 그리운 계절이다.

편지

너는 나에게
나는 너에게
노랗게 물든 은행잎 하나 끼워
편지를 쓰자

사랑한다고
그립다고
그때 그 시절이 가슴에서 춤을 춘다고
빨간 단풍잎 하나 더 얹어보자

흘러가는 세월을
그냥 묶어 두자고
갈래머리 땋은 그 손길
그 시절을 가슴에 두자고

이 멋진 가을에
노랗게 빨갛게
너는 나에게 나는 너에게
그렇게 편지를 쓰자.

그리움 · 2

추녀에
대롱대롱

바람결에
흔들흔들

일곱 빛 무지개로 피어나는
아름다운 얼굴 하나 매달고

단청마저 벗겨진
처마 끝이 졸고 있다.

능소화

그리움이 목까지 차올라
한 송이 꽃으로 피어서
기막힌 사연들을 한 소쿰 달래노니
그립다 말 못하는 사람들은 나를 보소

이생이 다 하여서
땅바닥에 뒹굴어도
마음도 모양새도
변하지 아니 하는
천 년 사랑 간직한
이 능소화를.

내 안의 그리움을

당신이 보고 싶어
이 밤을 하얗게 지새우고
당신이 그리워서
이렇게 밤의 끝자락을 붙잡고 있습니다

내 안에 당신이
나를 부여안고
당신 안에 내 사랑이
이렇게 당신을 부르고 있습니다

목이 메이게
불러보고 싶습니다.
이 밤이 하얗게 지샐 때까지

당신을 그리워하는 몸짓으로
당신의 이름을 되뇌이며
이렇게 당신을 안아봅니다

내 안에 있는 당신
내가 늘 사랑하고
나를 아껴주심에
그대를 안고 이 밤을 지새웁니다.

달빛 창가 · 1

문득 달빛 창가에
동그라미를 그리면

다정한 미소인양
동그랗게 달무리가 번지고

은하수를 건너서
들려 오는 별들의 소색임

깊은 밤 개구리들은
내 가슴 한복판에서 울어댄다

하늘과 별과 들판
그리고 짧은 여름밤의 나.

마지막 잎새

하얀 눈이 얹히어
더 붉은 장미

남은 잎마저 다 떨군
늙은 나무 끝가지는

회색빛 건물 모퉁이에서
누군가를 기다리듯

새벽 하늘에 남은 별처럼
애오라지 홀로 떨고 있다

보고 싶어
그때보다 더 보고 싶어서.

솜털처럼 부드럽게

건드리기만 해도
눈물이 솟구칩니다

보이지 않는
바람결에도 두근거립니다

행여
소식이라도 묻어올까

속절없는 그리움만
풍선처럼 부풀어 오릅니다.

05

배우보다 먼저 울고
배우보다 나중까지 울고

비음悲吟

벼랑 끝으로
휘몰아치는 바람이 아니더라도
가끔은
설움이 치받쳐 올라온다

쥐어 튼 심장에
탱자 가시가 박히듯
하루하루 살아온
기나긴 세월

아
비음의 순간.

*비음 : 슬픈 목소리로 시가詩歌를 읊음

연속극을 보다가

바보상자 앞에서
덩달아 바보가 된다

바보들이 울면 나도 울고
바보들이 웃으면 나도 웃고

창 밖엔 햇살이 반짝이는데
나는 방안에서 뜨거운 눈물을 흘린다

배우보다 먼저 울고
배우보다 나중까지 우는 이 아침.

개구리 따라

저리도 울어대는 논두렁 개구리들
뭐가 그리 서러워서 밤새 한 잠 못 자는가
목청껏 울어대는 사정이 내 사연만 하겠는가

하염없이 바라봐도 흑 같은 어둠인데
밤새 그리 울고 나면 속이라도 시원턴가
덩달아 목청 돋구어 나도 따라 울어보세나.

천관산에 오르며

억새야 춤을 추자
나도야 춤을 춘다

우리가 어쩔쏘냐?
미쳐버린 이 세상을

어차피 한스런 세상
춤을 추며 살아볼까.

내가 니가 아니라는 이유로

내가 니가 아니라는 이유로
나는 오늘도 내 일에 매달렸고
내가 니가 아니라는 이유로
나는 오늘도 너를 홀로 보냈구나

니 골이 빠개지게 아파도
말로는 표현할 수 없을 지경인데도
내가 니가 아니라는 이유로
나는 눈물 몇 방울로 돌아서는구나

내 눈에 흐르는 눈물조차도
내 맘 속에 녹아내리는 아픔조차도
내가 니가 아니라는 이유로
니 고통을 대신할 수가 없구나

내가 사랑하는 내 아우야
내 살붙이처럼 아끼고 사랑하는 내 동생아
내가 니가 아니라는 이유로
나는 오늘도 험난한 너의 길을 동행하지 못하였다.

친구

그냥

언제라도

그곳에

그대로 있을

너.

첫눈 오는 날에

첫눈이 소복이 내린 마당에서
작은 아이와 늙은 신부님이
눈싸움을 하고 있네

행여나 아이가 다칠세라
신부님이 오버 액션을 취하며
끌어안듯 내던지는 눈덩이

사랑으로 싸우는 눈싸움 끝에
끝내는 하얀 눈밭에 뒹구는 두 사람
지상에서 가장 아름다운 삽화 한 장면.

처녀

이 가슴
어찌 열어
보여드릴까

기어이
보여드려야 하는데
다 보여드려야만 하는데

꼭꼭 묻어둔 꼭지 밑에서
팔딱거리는 박동을
다 보여드려야 하는데.

아픔

이제는
너의 이름을 지운다

코흘리개 시절부터
언제나 함께했던
너를 보내려 한다

모퉁이를 돌고 돌아
강을 건너고 산을 넘어가라
너의 땅 너의 꿈 속에서
잊은 듯이 살아라
없었던 듯이 살아라

나도 모퉁이를 돌고 돌아
내 강을 건너고 내 산을 넘어
나의 땅 나의 꿈 속으로 가리라

가서
잊은 듯이 살리라

없었던 듯이 살리라
너를 놓고
너에게서 벗어나서.

인생

아픔
토해내지 못하고 삼키는
질긴 우정

지금
통증 참아내면
훗날 너의 힘이 되리라

그냥
너 있는 그곳에
항상 함께 하고

너의 심장 소리와
같이 호흡하는
너의 벗이 되리니

지금의 아픔을
차라리
즐겨 보자꾸나.

좋은 사람들

콩닥콩닥
뛰는 가슴 안고
한달음에

댓돌 위에 다소곳이
옹기종기 모여 있는 몇 켤레 신발

그 모습만 보아도
입가에 미소 해맑아진다

누구랄 것도 없이
젓가락 장단에 맞춰
흥얼흥얼

어린 시절 부르던 콧노래에
중장년들의 추억은 춤을 추고

둥그렇게 모여 앉은 이들의
웃음이
꽃으로 피어오른다.

06

네 번 피는 꽃 능소화

행복

보고파서
그리워서
목놓아 우는 걸까

사랑해서
행복해서
밤새 재잘재잘 떠드는 걸까

지금 창 밖에서
시끄럽게 울어대는
저 개구리들

서로가 서로를 부르는 애틋한 소리.

봄 이야기

파릇파릇
옹기종기
새록새록

아아~~
여린 보랏빛
저 개불알꽃!

능소화 · 3

능소화가 곱게 피었어
담장을 타고 올라가
푸른 하늘로 얼굴을 쳐들고

능소화가 슬프게 피었어
담장 너머로 고개를 내밀고
피어오르는 뭉게구름을 만지며

얼마나 오래 기다렸으면
지면서도 고운 자태 그대로
수북이 떨어졌을까

길가 언저리를 가득 채운
능소화 능소화 능소화……

봄소식

너는 누구냐
마른 울타리 밑에서
여린 고개를 내미는

저만치서
살며시 다가와 내 옆에 선
너는 누구냐

마르고 언 내 가슴에
작은 꽃을 피우는
너는 대체 누구냐.

홍매

뉘라서
저 검붉은 입술에
입맞춤을 하겠는가

고즈넉이
바라만 보아도
느껴지는 절개

어찌
선비들의 마음이
움직이지 않으리

저절로
읊어지는
시조 한 수렸다.

늦가을 억새

눈처럼 하얗고

꽃처럼 활짝 피어서

길 가는 나를 서성이게 하네.

5월의 향기

엥?
어디서 흘러오는 게지?
내 코 끝을 누가 이렇게 요란하게 흔들지?
어디야?
뭐야?

아하~
쪼오기 쪼오기~
하얗게 대롱대롱 매달린 저 꽃
아카시아구나

손도 닿지 않고
하늘 끝에 매달리지도 않았는데
한들바람 한 점에 고운 향기 흔들어
5월의 세상을 가득 채우는구나

저 꽃을 따다
질그릇 항아리에 담뿍 담아
술을 담가 볼거나

예쁜 유리병에 하얀 송이 솜털만
가득 메워 볼거나

그냥 두어라
보기만 해도 좋아라
향기만 맡아도 좋아라
온 세상 싱그러움이 더더욱 좋아라.

겨울 억새

시골길을 달리다가
차를 멈춰 세웠네

가까이 가기엔
너무나 아픈
억새들의 춤사위 때문에.

달빛 창가

커튼 드리우지 않은 창가
반가운 손님 찾아왔네
보름이라 휘영청 밝은 달
조심스레 내 방 창을 노크하네

살며시 고개 내밀어
방망이질하는 토끼에게 손짓하네
힘드니 잠시 쉬어가라고
하늘 높이 솟은 달 커다란 미소로 화답하네

이 밤
누구와의 추억이든 끄집어내
도란도란 이야기 나눠 볼 심산이네
보고픈 친구들 달 속에 환희 보이네.

설레임

하얀 눈이 내리는 날
백지 위에
그림을 그린다

나뭇가지들이
춥다고 옷을 입었다
하얗고 가벼운 옷을 입었다
나무의 옷은 작은 바람결에도 흩날린다

나의 빈 노트도
이제야 옷을 입었다
그대와 함께 서 있는
서설의 황홀감으로.

봄비

살포시
움트는 수선화의
볼을 스치운다

수줍어 고개 들지 못하고
스스로의 아름다움에 반해

자기애自己愛라는
꽃말을 남기고 간 미소년

봄비는 촉촉한 내 가슴에
한 포기 노란 꽃으로 핀
수선화의 사랑이야기를 풀어 놓는다.

07

축령산 편백숲을 거닐며

내 고향 오일시장

앞을 내다봐도
뒤를 돌아봐도

서 있는 사람
앉아 있는 사람
모두 다 울 엄마 같다

다라에 가득한 고동도
지푸라기로 묶어놓은 열무도

엊그제
울 엄마가 보내온
보따리 속 묵은지 같다.

아치실 고개

시커먼 오밤중에
신발 감추고
갈 테면 가라며 약 올리던
외사촌들

그래도 간다 오기로 간다
맨발에 뒤꼭지 빳빳하게 세우며
도망치듯 넘어온
귀신 나온다는 고개

외갓집을 통째로 안고
반백 년 전에
어머님이 넘어오신
그 아치실 고개.

시골 사는 이야기

먼 친척 올케언니가
가지마다 주렁주렁 매달린
보리수를 가지 채 꺾어 오셨다
"아이고매 오져라! 효소 담아야지"

친구가
까맣게 익은 오디를
한 바가지 들고 왔다
"얼려 두었다가 우리 아들 줘야지!"

동네 이쁜 여우가 탱글탱글한 블루베리를
언니랑 나눠 먹을라고 쫌 많이 샀다며
절반 뚝 덜어들고 왔다
"눈에 좋다니 우리 딸 갈아줘야지!"

이웃집 왕언니는
싱싱한 상추에 치커리를
한 바구니 가득 안고 오셨다
"삼겹살은 내가 살 테니 막걸리 한 잔 합시다!"

양파랑 마늘이랑
앞마당 한 켠에서 수선을 떨고
멀리 이랑 따라 들리는 기계 소리 높여 세우는
오늘 또 하루를 정으로 꾸민다.

남천 고택에서

푸른 잔디
낮은 굴뚝
치솟은 쌍 잣나무

새소리
사람 소리
정겨운 소살거림

온갖 꽃
벙글어지는
오월 한낮 처마 끝.

고향

淸明이 사실이네
가을 하늘 말일세
누런 들판이 오지네
고향땅 황금 물결 말일세

백 날을 지나 봐도
천 날을 겪어 봐도
정겨움이 가득한
여기 이 땅 말일세.

이사 오던 날

코 끝에 스치는 향기는
어머님 젖가슴 내음이고

발그스레 홍조 띤 얼굴은
첫사랑 설레임이네

길가에 풀 한 포기도
사연 담아 빛을 발하고

하늘의 구름마저도
흘러간 시간을 돌이켜 주네

고향으로 이사 오던 날
못재의 바람은 평온이었네.

능소화 · 2

차마 부끄러워
붉게 피지 못하는

가슴 다독이며
기다리는
눈물바라기 꽃.

길섶에 서서

초라한 모습에
고개 들지 못하고

새끼 오리들 사이에 낀
미운 백조마냥 부끄러워

풀잎 사이에 숨어
꽃도 아닌 양 길섶에서 피는
야생화 몇 송이

길 가는 착한 사람이 발길을 멈추고
어느 날 스쳐 간 이름을 만져보게 하는
야생화 몇 송이.

여유

백암산 바라보니
애기단풍 얼룩달룩

붉고 노란 색동옷에
구름까지 쉬어가니

나그네 여유로워라
시조 한 수 읊고나.

명품 장성

물안개 피어나는 황룡강 풀섶 위에
외다리 학 한 마리 도도히 자리하여
길손들 마음 모두어 바라보게 하누나

저 멀리 제봉산에 산꽃을 피울 때면
허리를 휘어 감는 사랑노래 불러보고
사람들 모두 모여라 함성 한 번 울리세

문불여 장성이라 선비골 우리 고장
흐르는 물줄기로 밝은 역사 이루어서
세상에 보여줄 만한 명품으로 만드세.

동백꽃

툭 하고 터져
한 번 피고
툭 하고 떨어져
또 한 번 땅 위에서 피고
사랑하는 사람의 가슴에서 또 한 번
툭 하고 핀다는 동백

구순 어르신이
굽은 허리 더 숙여
툭 하고 한 송이를 꺾어
'아이구~! 동백처럼 이쁜 사람, 선물이로세!'
하신다

툭 터진 개화보다
툭 하는 낙화의 절절함보다
어르신의 손 끝에서 들려오는
툭 하는 소리가
가슴 속으로 깊게 떨어진다.

⌐ 발문

'이모가 우리 엄마 해 줄래?'

시인, 전남문인협회장 박 형 동

1. 시작하는 말

임춘임 시인이 그의 작품에서 문학적 재능이 뛰어나거나 잘 다듬어진 시를 쓰느냐는 것과는 별개로 임춘임은 시적인 사람이다. 가슴이 따뜻하고 생활이 향기롭다. 임춘임 시인은 문단에 나오자마자 문단을 위한 섬김의 삶을 살아왔다. 장성문협의 살림을 맡아 장성문학의 발전에 지대한 공헌을 하고 있으며, 전남문협의 살림을 맡아 전남문학의 발전에도 새로운 활력소가 되고 있다. 일만이 아니라 임 시인이 맺어나가는 인간관계는 폭이 매우 넓고 따뜻하며 탄탄하다. 임 시인을 한 번 만난 사람은 전적으로 신뢰하며 함께 일하기를 즐거워 한다.

시와 시인의 삶이 일치하느냐 하지 않느냐는 매우 중요한 문제다. 시인의 작품과 그 삶의 괴리가 너무 크면 그 작품이 아무리 뛰어나도 사람들은 즐겨 읽지 않는다. 작품은 좋아도 독자들로부터 사랑받지 못하는 것이다. 문학작품이란 무엇인가? 그 작품을 읽은 독자들에게 작가의 메시지와 감동을 전달하는 것이다. 그런데 좋은 작품을 썼지만, 자신의 삶이 모순되어 사람들이 읽기를 싫어한다면 그 작품은 아무리 뛰어나도 무의미해진다.

임춘임 시인은 그 자신이 바로 시詩다. 임 시인이 살아온 길과 살아가고 있는 현재의 모습을 보면 그는 시인일 수밖에 없다. 그는 전라남도문화관광해설사로서 해박한 상식(?)과 달변, 그리고 친절함이 몸에 묻어나는 사람이다. 그의 표현은 직설적이요 꾸밈이 없다. 그것이 시를 살갑게 표현하는데 장애가 되는 것은 사실이지만, 그럼에도 그의 시가 주는 감동은 삭감되지 않는다. 임 시인의 사고방식과 안목이 너무나 시적이어서 잠시면 임 시인에게 쑥 빠져드는 마력을 지니고 있기 때문이다.

2. 동백꽃으로 뭉툭 떨어지는 시

필자는 어느 날 차를 운전하고 가다가 눈물이 앞을 가려 더 이상 운전할 수가 없었다. 어머니, 어머니가 그리워 견딜 수가 없었다. 차를 길가에 세워놓고 울었다. 소리 내어 통곡했다. 어머니는 정신없이 차를 몰고 가는 길 한 중간에서 필자를 울렸다. 아니, 어머니는 가는 길의 맨 끝에서도 필자를 울리실 것이다. 그래서 필자는 울었다. 그 눈물이 바로 필자의 시詩 '통곡'이다.

  왜 필자가 타인의 시를 해설하며 자신의 시를 들먹이는가? 그 이유는 바로 임 시인 때문이다. 임 시인이 필자의 어머니와 무척이나 닮았기 때문이다. 필자를 낳아주신 어머니는 얼굴을 익히기도 전에 돌아가셨다. 한국전쟁 때의 이야기다. 어머니는 피난길에 붙잡혀 저쪽 사람들의 대창에 무참히 찔려 돌아가셨다.

  그리고 새어머니가 필자를 키우셨다. 결국 자기 자식을 낳지 못하셨지만, 필자에게 새어머니는 계모가 아니셨다. 새어머니는 아버지에게도 더없이 좋은 아내였지만, 자기가 낳은 자식처럼 필자를 사랑하고 필자를 위해 일생을 희생하셨다. 지병으로 오래도록 앓다가 돌아가신 아버지를 보내신 후에도 그 분의 인생은 필자를 위한 삶이 전부였다. 그래서 어머니를 생각할 때마다 가슴이 미어진다.

  임 시인을 보면 필자의 어머니를 보는 것 같다. 필자의 어머니와 너무 흡사하다. 솔직 담백한 삶이며,

부지런하고 깔끔한 생활이 그렇고, 자식에 대한 무한 사랑, 무한 희생이 그렇다. 게다가 이미지와 성격마저 꼭 닮았다. 그래서 필자는 임 시인을 좋아한다.

 임 시인은 참으로 좋은 어머니다. 자식들을 위해 살아가는 임 시인의 모습을 보며 세상에 더 없이 참 좋은 어머니라고 생각했다. 어느 누구도 저 어머니처럼 자식을 위해 헌신하고 사랑하는 어머니는 없을 것이라는 생각이 들 정도였다. 자식에 대한 사랑, 믿음, 소망은 세상의 어떤 어머니도 따를 수 없을 것이라는 생각이 들었다. 그런데, 그런데, 그게 아니었다. 아래의 시를 읽어보라.

  네 살
  꼬마가 다가와
  "이모가 우리 엄마 해 줄래?" 했다

  아빠랑 동생이랑
  함께 살고프다고
  "이모가 우리 엄마 해 줄래?" 했다

  그 녀석 손아귀에
  울컥 잡히고 말았다

  "이모가 우리 엄마 해 줄래?"
  그 한 마디에.
     ―〈이모가 우리 엄마 해 줄래?〉 전문

임 시인은 자식을 낳아본 적이 없었다. 그토록 사랑하는 아들 진현이, 사랑하는 딸 서희는 자기가 낳은 자식들이 아니었다. 아들을 대학에 합격시켜 놓고 이제는 친어머니를 밝혀 주어야겠다고 마음 먹으면서, 임 시인은 배로 자식을 낳지 못하고 가슴으로 낳은 고통을 안고, 성인이 된 자식들에게 그 사실을 밝히는 문제를 놓고 몇 날 몇 달을 눈물을 훔치며 고민해야 했다. 그리고 두 자녀에게 '내가 너희를 낳은 어머니가 아니라'고 고백하며 쏟아내던 피눈물을 어찌 말로써 표현할 수 있으랴! 자기 혼자서 어머니의 자리를 다 차지할 수 없어 끝내는 어머니의 자리를 반쯤은, 아니 전부가 될지도 모르는 어머니의 자리를 비워 주어야 했던 그 아픔을 어찌 글로써 표현할 수 있으랴!

임 시인을 오래도록 알아온 사람들 중에서도 아무도 몰랐다. 아들과 딸의 마음에 상처를 줄까 봐, 그 아들과 딸이 방황할까 봐, 12번이나 이사를 다니면서 대견스런 딸, 자랑스러운 아들로 키워냈다. 자식들도 몰랐다. 필자도 몰랐다. 그러나 임 시인은 자식들이 다 큰 오늘에 와서까지 혼자의 가슴에만 담아두었던 아픔을 쏟아내야 했다. 그것이 임 시인의 숙명이요, 사명이었다. 사랑이었다.

처음 선을 보던 날 네 살짜리 꼬마가 "이모가 우

리 엄마 해 줄래?"라고 던진 그 한 마디가 천둥소리 같이 그의 가슴을 울렸다. 아니, 그 한 마디가 낚시 바늘이었다. 임 시인이라는 물고기를 옴짝 달싹 못 하게 낚아채버린 낚시 바늘이었다. 그 말에 붙잡혀 임 시인은 그 아이들의 어머니가 되었다.

  임춘임 시인은 그렇게 살아온 길을 시로 엮었다. 그것이 "이모가 우리 엄마 해 줄래?"다. 임 시인의 시는 이렇게 철저하게 경험과 사랑으로부터 나온 고백이요, 일기다. 그러기 때문에 임 시인의 시는 진실하다. 또한 꾸밈이나 과장이 없다. 어쩌면 그런 점에서 임 시인은 시인으로서 치명적인 결격사유를 지니고 있는지도 모른다. 그런데도 임 시인의 시는 읽는 이의 눈시울을 붉히고 만다. 그것이 임 시인의 시가 가진 매력이다.

    아프다
    털어놔서 아프다

    치맛자락 속에 꽁꽁 묶어 두고
    슬퍼도
    안타까워도
    여태껏 내어놓지 못한 말이었는데

    또 다른 양수를 쏟아
    눈물과 사랑으로 키운 너희들

의연하고
당당하게
차분하며
진솔하게
받아주는 그 고운 마음

차라리 감사해서 더 아프다.
―〈아프다〉 전문

행여나 알려질까
행여나 눈치챌까
가슴 조이며 살아온 스무 해

모든 걸 털어놓은 순간
고맙단 인사보다
잘하겠다는 약속보다
더 고마운

"사랑합니다. 어머니!"
―〈어떤 날 아들의 고백〉 전문

임 시인은 자식들을 불러놓고 사실을 털어놓았다. 그런데 친어머니가 아니라 계모였다는 사실을 안 아들과 딸은 임 시인 앞에 무릎을 꿇었다. 임 시인을 끌어안고 울었다. 엄마가 감사해서, 엄마가 불쌍해서, 엄마가 한없이 안쓰러워서 울었다. 그리고 행복해서 울었다. 그날 밤 그들 네 가족은 온통 눈물바다를 이루고 울었다. 한없이 울었다.

열두 번을 이사하며
숨어숨어 살아왔는데
기어이 속 털어놓고
속절없이 우는 나

지나간 스무 해를
어찌 한두 줄 글로 쓰겠냐만

흘러 온 눈물만으로도
황룡강을 이룰 텐데
그래도 그 세월이
행복했었구나
더없이 행복했었구나.
　　　　　—〈어떤 엄마의 행복〉 전문

  세상에 어머니인 사람들은 임 시인에게서 자화상을 비춰 보라. 그 거울에 어머니인 자신의 모습을 비춰 보라. 세상의 자식을 둔 남편들은 임 시인에게서 아내의 모습을 보라. 그 거울에서 아내의 모습을 비춰 보라. 어머니에게서 태어나고 자란 모든 사람들은 임 시인에게서 어머니의 모습을 보라. 그 거울에 자기 어머니의 모습을 비춰 보라. 그 거울이 이 시편들이다. 임 시인은 조마조마한 마음으로 살아온 그 모든 날들이 행복했었다는 것을 깨닫는다. 어디에 꾸밈이 있고 어디에 멋을 부린 흔적이 있는가? 이것이 임춘임 시인의 시다. 임 시인의 노래는 계속된다.

이 세상에 너희들이 아니면
누가 나를 애태우게 하겠는가?

이 세상에 너희들이 아니면
누가 나를 기다리게 하겠는가?

이 세상에 너희들이 아니면
누가 나를 눈물나게 하겠는가?

이 세상에 너희들이 아니면
누가 나를 살아있다 하겠는가?

이 세상에 너희들이 아니면
누가 나를 아름답다 하겠는가?

가슴으로 낳은 딸
눈물로 키운 내 아들아!

―〈누가 나를〉 전문

  자기 뱃속에서 태어나지도 않은 자식들을 훌륭하게 키워놓고 임 시인은 자식들과 자신의 정체성을 확인한다. 이처럼 임 시인의 삶 전체가 꽃송이다. 그것도 긴 겨울 눈보라를 견디어 내고 피어나는 동백꽃이다. 때가 되면 미련 없이 모가지 채 뭉툭 떨어지는 빨간 동백꽃이다. 꽃으로 피었다가 떨어지는 송이송이 새빨간 꽃이다, 훈훈한 봄바람을 불러오는 봄맞이 꽃이다. 가슴 뜨거운 시詩다.

3. 백일홍처럼 피고 또 피어나는 시

그런데 임 시인의 사랑이 어디 자식에게만 흘러갔으랴. 자식들이 임 시인의 전부였지만 그런 만큼 남편에 대한 사랑이 절대적이었던 것이다.

> 바보도
> 팔푼이도
> 절대로 아니라며
> 마누라
> 치마폭에
> 칭칭 감겨 살고프단
> 우리 집 넉살스러운 서방님
>
> 오늘도
> 메시지에
> 나는 그대를 사랑한다
> 당신도
> 나처럼 그러느냐고
> 익살스런 장난기가 발동한 서방님
>
> 아무렴
> 누가 뭐래도 당신만을 사랑하죠.
> ─〈팔푼이 연가〉 전문

여기서 이름에 대한 이야기를 하고 넘어가겠다. 임 시인의 이름이 춘임春任이다. 그리고 그의 남편 이름은 춘식春植이다. 좀 촌스런 이름이지만, 동시에 정겨운 이름이다. 그런데 봄님과 봄식이가 만났으니 그 집이 어찌 항상 봄날 같지 않을 수 있겠는가?
그 부부의 삶을 지켜보면 참으로 살갑고 정겹다. 이
정도가 되면 둘 다 팔푼이가 틀림없다. 행복한 팔푼
이, 부러운 팔푼이다. 이런 팔푼이라면 열 번도 팔
푼이가 되고 싶다.

  언제나 어디서나
  <u>보고프고</u>
  그리운 까닭은

  당신이
  내 안에 있기 때문이다
  내 삶의 한가운데 있기 때문이다.
        ―〈어째서라도 좋다〉 전문

  더러는
  마음을 비우기도 하고
  더러는
  마음을 삭히기도 하지만

  그래도
  미울 때가 있더라
  그래도
  사랑할 때가 있더라

  사랑과 미움은
  하나인 까닭에.
        ―〈그래도〉 전문

부부가 함께 살다보면 어찌 부딪힐 일이 없겠는가? 그런데 이런 가정쯤 되면 '어째서라도' 좋은 경지에 이르게 된다. 서로가 항상 상대방의 안, 그것도 한가운데 있기 때문이다. 잘못을 해도 실수를 해도, 부족해도 지나쳐도 그립기 때문이다. 더러는 마음을 비우기도 하고 더러는 마음을 삭히기도 하면서 미울 때도 있고 사랑할 때도 있지만, 미움도 사랑의 한 요소라는 깨달음에 이르렀기 때문이다.

그냥

공연히
어거지를 쓴다

사랑하기에.
―〈사랑〉 전문

그래서 그들의 삶은 생떼를 쓰기에 이른다. 생떼를 쓰고 어거지를 써도 통하는 관계, 이치에 맞든 안 맞든 통하는 관계에 이르렀음이다. 이러고도 어찌 행복하지 않을 수 있겠는가?

그러나 사랑할수록 그리움은 커지는 법이다. 그것이 사랑의 속성인 것을 어쩌랴. 그래서 임 시인은 그리움에 가슴이 절은 삶을 살아간다. 임 시인은 주말부부다. 금요일 저녁이면 돌아왔다가 일요일 저

녁이면 직장으로 돌아가는 남편은 물론, 서울과 인천으로 유학을 떠난 자식들이 그리워 긴 겨울밤을 눈물로 보내는 외로운 여인이다.

  추녀 끝에 매달린 가랑잎 하나
  세찬 비바람에 흔들리며
  세월의 뒤안길을 매달고 있다

  용마루 꼭대기 쯤
  멀어져 간 그림자
  살짝 걸려 있으려나
  흔들리는 그리움 한 토막

  보고 싶다.
         —〈거미줄〉 전문

 추녀 끝의 거미줄에 매달린 가랑잎이 흔들리는 것을 내다보며 사랑하는 사람을 그리워하는 것이다. 그 그리움의 대상은 비단 남편만은 아니리라. 자식들도 그립고, 마음속 깊은 정을 감추시고 엄격하시기만 하셨던 돌아가신 아버지, 홀로 친정마을을 지키며 외롭게 사시는 어머니, 그리고 고향마을이며, 어릴 적 친구들, 또는 남모르게 가슴 속에 담아 둔 어떤 아름다운 추억일 수도 있다. 어쨌든 임 시인의 그리움은 짙은 그림자가 되어 그 곁을 지키고 있는 것이다. 그래서 무심코 우는 여름밤의 풀벌레 소리에도 눈물이 많은 시인은 잠이 들지 못한다.

    길섶에설까
    풀잎 사이에설까

    가슴에설까
    영혼에설까

    밤새도록 울어대는
    풀벌레 소리

    밤이 깊어질수록
    더 구슬픈
    저 풀벌레 소리.
                            —〈밤샘〉 전문

    저리도 울어대는 논두렁 개구리들
    뭐가 그리 서러워서 밤새 한 잠 못 자는가
    목청껏 울어대는 사정이 내 사연만 하겠는가

    하염없이 바라봐도 흑 같은 어둠인데
    밤새 그리 울고 나면 속이라도 시원턴가
    덩달아 목청 돋구어 나도 따라 울어보세나.
                      —〈개구리 따라〉 전문

  살아온 길이 남달랐고 자식을 낳지 못한 여자로서 남의 핏줄을 키우면서 얼마나 많은 한과 아픔이 많았겠는가? 평범하게 살아온 사람들에게도 남모르는 사연들이 많고, 그 사연들 때문에 울고 웃으면서 살아오고 있지 않는가? 그래서 임 시인은 외로울 때면 누군가를 붙잡고 풀어내지 않고는 견딜 수가 없는 것이다. 그런데 사람과는 하소연 할 수도 없는 이야기들이다 보니 어찌 하겠는가? 결국 풀벌레나 개구리가 말상대가 되고 친구가 된 것이다. 그리고 개구리나 풀벌레보다 자기의 사연이 더 기가 막힌 것이라고 중얼거리기에 이른 것이다. 이것이 시인의 삶이다. 시인은 그렇게 한과 그리움을 끝없이 풀어내는 것이다. 그것이 임춘임 시인의 시다. 샘물처럼 끝없이 솟아나는 눈물이 그의 시다. 백일홍처럼 붉게 피고 또 피어나는 시다.

4. 대지, 그리고 풀꽃으로 피어나는 시

임 시인은 울보다. 텔레비전 앞에서 드라마나 동화를 보면서 펑펑 울어대는 사람이다. 배우보다 먼저 울고 배우보다 나중까지 운다. 그리고 세상의 모든 가시들을 끌어안고 아파한다. 사랑하는 동생이 괴로워 하는 모습을 바라보며 자기가 어찌해 줄 수 없음을 알고 자신에게 채찍질을 해댄다. '내가 네가 아니라'는 이유로 동생의 험난한 길에 동행해주지 못한 것을 괴로워한다. 사실은 마음으로 이미 동행하고 있으면서도 몸으로 함께하지 못함을 아파하는 것이다.

너는 누구냐
마른 울타리 밑에서
여린 고개를 내미는

저만치서
살며시 다가와 내 옆에 선
너는 누구냐

마르고 언 내 가슴에
작은 꽃을 피우는
너는 대체 누구냐.
―〈봄소식〉 전문

  그러한 마음은 자연으로도 향한다. 시끄럽게 울어대는 개구리들, 담장을 타고 올라와 얼굴을 내밀다가 길바닥에 뚝 떨어진 능소화, 마른 울타리 밑에서 여린 순을 내밀고 돋아나는 풀꽃을 향해 끝없는 시선을 보낸다. 내 옆에 다가와 선 너는 누구냐고. 누구길래 내 가슴에 작은 풀꽃을 피우는 것이냐고 묻는 것이다. 사소하고 하찮은 것에 대한 관심과 따뜻한 시선, 그리고 그것으로부터 새로운 가치를 찾아내고 아름답게 가꾸는 시인의 눈을 가지고 있는 것이다.

앞을 내다봐도
뒤를 돌아봐도

서 있는 사람
　　앉아 있는 사람
　　모두 다 울 엄마 같다

　　다라에 가득한 고동도
　　지푸라기로 묶어놓은 열무도

　　엊그제
　　울 엄마가 보내온
　　보따리 속 묵은지 같다.
　　　　　　　―〈내 고향 오일시장〉 전문

　이제 임 시인은 고향으로 눈을 돌린다. 그는 5일 시장인 황룡장 근처에서 자랐다. 때문에 황룡장은 시인에게 특별한 추억이 살아 있는 곳이다. 지금도 그 시장에 자주 나가 주름진 시골 할머니나 아주머니들이 들고 나온 푸성귀며 곡물을 사들고 온다. 그런데 그가 황룡장에 가는 이유는 푸성귀나 곡물을 사기 위한 것은 아니다. 그런 것은 가까운 마트에서 얼마든지 손쉽게 살 수 있다. 그런데도 시인은 굳이 황룡장으로 발길을 돌리는 것이다. 바로 '울 엄마' 같은 고향 아주머니들의 모습이 눈에 선해서이다. 아니 지금도 황룡면 어느 마을에 홀로 사시는 어머니의 모습을 보고 싶어서이다. 플라스틱 다라에 한 주먹밖에 안 될 물건을 놓고 종일 시장바닥에 쪼그리고 앉아 있는 그 모습들을 먼발치서라도 바라보

고 싶은 것이다. 시인에게 이웃은 단순히 옆집에 사
는 사람이 아니다.

    먼 친척 올케언니가
    가지마다 주렁주렁 매달린
    보리수를 가지 채 꺾어 오셨다
    "아이고매 오져라! 효소 담아야지"

    친구가
    까맣게 익은 오디를
    한 바가지 들고 왔다
    "얼려 두었다가 우리 아들 줘야지!"

    동네 이쁜 여우가 탱글탱글한 블루베리를
    언니랑 나눠 먹으라고 쫌 많이 샀다며
    절반 뚝 덜어들고 왔다
    "눈에 좋다니 우리 딸 갈아줘야지!"

    이웃집 왕언니는
    싱싱한 상추에 치커리를
    한 바구니 가득 안고 오셨다
    "삼겹살은 내가 살 테니 막걸리 한 잔 합시다!"

    양파랑 마늘이랑
    앞마당 한 켠에서 수선을 떨고
    멀리 이랑 따라 들리는 기계 소리 높여 세우는
    오늘 또 하루를 정으로 꾸민다.
                           ―〈시골 사는 이야기〉 전문

이처럼 시인의 체온은 따숩다. 자녀를 향해 쏟은 사랑은 거기서 마르지 않고 새로운 동력장치를 통하여 더 거세게 분출하여 세상의 모든 이들에게 쏟아진다. 임 시인을 대하는 모든 사람들은 어머니를 대하는 것처럼 포근함을 느낀다. 따뜻하고 편안한 것이다. 그래서 임 시인을 아는 모든 사람들은 임 시인을 좋아한다. 상대방을 배려하고 품어주는 어머니의 마음을 가졌기에 임 시인이 타인들에게 미치는 선한 영향력은 상상 이상이다. 임 시인과 더불어 가면 편안한 것은 말할 것도 없고, 어려운 일도 쉽게 되고, 안 되는 일도 된다. 사람의 마음, 사람의 사랑은 그렇게 위대한 것이다. 그런 면에서 본다면 임 시인 그 자신이 시다. 그것도 우리를 울려 주는 명작이다.

동백꽃이나 능소화는 통꽃으로 피다가 어느 날 아직 시들지도 않았는데 모가지 채 뚝 떨어져 땅 위에서 다시 꽃이 된다. 동백꽃나무 아래 흐드러지게 떨어진 꽃은 가지에 있는 꽃과 다름이 없이 싱싱하다. 그래서 동백은 네 번 핀다. 겨울 눈밭에서 피고, 늘푸른 가지에서 피고, 뚝 떨어져 땅바닥에 드러누워 피고, 그 것을 본 사람의 가슴에서 핀다. 동백꽃 같은 시, 그것이 임 시인의 시다.

그 꽃은 잘 다듬어지지도 화장하지도 않은 본디

의 얼굴로 피어 있다. 어쩌면 태생적으로 아름다운 꽃이기에 다듬고 꾸밀 필요가 없었듯이 임 시인의 시가 그랬는지도 모른다. 그래서 임 시인의 시는 매끄럽게 세련된 시는 아니다. 시 창작법과 비유, 특히 '낯설게 하기'에 대한 공부는 계속 되어야겠지만, 굳이 꾸미지 않아도 독자의 가슴을 뜨겁게 울리는 시가 임 시인의 시다.

  이제 임춘임 시인에 대한 이야기와 시의 행로를 마치려고 한다. 이 글을 쓰며 필자는 많이도 울었다. 임 시인의 이야기는 필자의 어머니의 이야기였고, 임 시인이 걸어온 인생 역정은 우리 모두의 것이면서도 남달리 애틋한 것이었고, 그의 작품들은 감정의 여과 없이 시뻘건 핏덩이처럼 필자의 가슴에 던져졌기 때문이다. 독자를 위해 그의 시를 놓고 분석해서 시를 감상하는데 도움이 되도록 밑줄을 긋고 색칠을 해 주었어야 했지만, 필자는 그렇게 할 수가 없었다. 그래서 임 시인의 시를 분석해 주는 것보다는 그의 시를 안내해 주기로 한 것이다. 시창작법이나 국문학적으로 해부하는 것은 초롱초롱한 계집아이의 말 한 마디에 코가 뚫려 어머니로서 살아온 시인의 삶과 작품에 대한 예의가 아니라고 생각했기 때문이다. 독자의 넓은 이해와 용서를 빈다.

5. 끝내는 말

천상병이 본 세상은 외로움과 슬픔과 고통이었다. 그런데 그는 하늘로 돌아가서 말한다. 자기가 다녀 온 세상길은 참으로 꿈처럼 아름다운 소풍길이였다고. 필자는 임춘임 시인의 삶, 그의 시가 천상병이 겪었던 외로움과 슬픔과 고통은 다른 것이었음을 안다. 그러나 임 시인 역시 천상병처럼 자기가 살아가고 있는 인생길은 참으로 꿈처럼 아름다운 소풍길로 믿고 있을 것이라고 생각할 것이다.

그 아름다운 소풍길에서 필자는 임 시인을 만났다. 필자는 그것을 축복이라고 생각한다. 필자의 삶도 아름다운 소풍길이 되었기 때문이다. 필자는 몸으로 쓴 그의 시를 보았다. 이제 그 아름다움을 얼마나 느끼고 필자의 가슴을 얼마나 벅차게 할 것인가는 필자에게 달려 있다. 임춘임 시인은 충분이 아름다운 삶과 시를 남겼고, 시인으로서의 사명을 다 했다.

이제 독자의 몫만 남겨 두면서 동백꽃보다 더 아름다운 시 한 편을 펼쳐 드린다.

톡 하고 터져
한 번 피고
톡 하고 떨어져
또 한 번 땅 위에서 피고

사랑하는 사람의 가슴에서 또 한 번
툭 하고 핀다는 동백

구순 어르신이
굽은 허리 더 숙여
툭 하고 한 송이를 꺾어
'아이구~! 동백처럼 이쁜 사람, 선물이로세!'
하신다

툭 터진 개화보다
툭 하는 낙화의 절절함보다
어르신의 손 끝에서 들려오는
툭 하는 소리가
가슴 속으로 깊게 떨어진다.
　　　　　　　　　　　　—〈동백꽃〉 전문

이모가 우리 엄마 해 줄래?

2쇄 인쇄 2015년 2월 26일
2쇄 발행 2015년 3월 2일
지은이 임 춘 임
펴낸이 박 형 철
펴낸곳 (사)한림문학재단 · 도서출판 한림
　　　　 501-808 광주광역시 동구 백서로125번길 11
　　　　 (062)226-1810(代) · 3773 FAX 222-9535
　　　　 hanlim66@hanmail.net
출판등록 제05-01-0095호(1990. 12. 14.)
공보처등록 바1717호(1992. 6. 2.)

값 10,000원
ISBN 978-89-6441-162-9　03810

*이 책의 판매처 : 서울 / 교보문고
　　　　　　　　 서울 / 인터파크
　　　　　　　　 부산 / 동보서적
　　　　　　　　 대전 / 문경서적

이 책은 전남문화예술재단에서 출판비 일부를 지원받아 제작하였습니다.